BRAEMAR ELEMENTARY SCHOOL
LIBRARY
3600 MAHON AVENUE
NORTH VANCOUVER, B. C.

EMILY CARR
UNE ARTISTE DANS LA FORÊT

Lyne Gareau
Illustrations de Paul Roux

EMILY CARR
UNE ARTISTE DANS LA FORÊT

Emily Carr : Une artiste dans la forêt

Copyright © Lyne Gareau, texte
Copyright © Paul Roux, illustrations
Copyright © Les éditions du Pacifique Nord-Ouest, 2020.
Tous droits réservés.

La reproduction d'un extrait quelconque de ce livre, par quelque procédé que ce soit, tant mécanique qu'électronique, incluant la photocopie, la micrographie, la numérisation ou tout autre système de stockage et de récupération de l'information, est interdite sans l'autorisation écrite de l'éditeur.

ISBN 978-2-925064-00-8 (imprimé)
ISBN 978-2-925064-02-2 (PDF)
ISBN 978-2-925064-03-9 (ePUB)

Dépôts légaux : 1er trimestre 2020
Bibliothèque et Archives Canada
Bibliothèque et Archives nationales du Québec

Édition et révision : Louis Anctil
Adjoint à l'édition : Daniel Anctil
Conception graphique et production : Paul Roux et Flavie Dufrenne

---

Catalogage avant publication de Bibliothèque et Archives Canada

Titre: Emily Carr : une artiste dans la forêt / Lyne Gareau ; illustrations de Paul Roux.
Autres titres: Artiste dans la forêt
Noms: Gareau, Lyne, 1956- auteur. | Roux, Paul, 1959- illustrateur.
Identifiants: Canadiana 20190226617 | ISBN 9782925064008 (couverture souple)
Vedettes-matière: RVM: Carr, Emily, 1871-1945—Ouvrages pour la jeunesse. | RVM: Femmes peintres—Canada—Biographies—Ouvrages pour la jeunesse. | RVMGF: Biographies.
Classification: LCC ND249.C3 G37 2019 | CDD j759.11—dc23

À Olga Kempo

Ce texte utilise la graphie rectifiée.

INTRODUCTION

T'arrive-t-il parfois de rêver à ce que tu pourrais accomplir plus tard ? Aimerais-tu par exemple devenir inventeur, être un jour une grande artiste, une scientifique, un écologiste ? rêves-tu de changer le monde à ta façon, de sauver une forêt, de combattre la pollution, de composer un nouveau style de musique ?

Avant de poursuivre la lecture de ce livre, prends quelques minutes et rêve un peu.

Imagine-toi que tu es maintenant une vieille dame ou un homme âgé. Tu te sens bien, car au cours de ta vie, malgré les embuches, tu as accompli exactement ce que tu voulais. Imagine aussi ce que tu souhaiterais que les gens disent et retiennent de toi.

Ce livre conte l'histoire de quelqu'un qui, tout comme toi, avait un rêve. Déjà toute petite, Emily Carr désirait devenir artiste afin de pouvoir capturer et reproduire le mystère et la beauté des forêts anciennes de la Colombie-Britannique. Elle a réussi à vivre son rêve. Cela n'a pas toujours été facile. À cette époque-là, les femmes étaient perçues comme inférieures aux hommes et on ne pensait pas qu'une femme puisse peindre. Emily Carr a su faire face à ce type de difficulté avec imagination et courage. Son rêve l'a amenée à voyager, à vivre chez les autochtones et à explorer la forêt humide de la côte ouest.

De nos jours, Emily Carr est considérée comme l'une des plus grandes peintres canadiennes. J'espère que ses aventures te donneront envie de poursuivre à ton tour tes rêves. Un jour, peut-être que quelqu'un écrira un livre à ton sujet… qui sait ?

PETITE

Nous voici maintenant à la fin du dix-neuvième siècle, dans une petite ville, Victoria, située au bord de la mer, sur l'ile Vancouver. L'atmosphère de cette ville est très anglaise, car la majorité des citoyens qui y habitent sont d'origine britannique.

Sortons un peu de la ville et dirigeons-nous vers une grande propriété entourée de forêts. La famille Carr vit ici : le père, la mère, leurs filles : Edith, Clara, Lizzy, Alice et Emily, et leur fils : Richard. La maison est spacieuse et solidement construite; le jardin, joli et bien entretenu. On y trouve un verger, des fraisiers, des framboisiers, des groseilliers ainsi qu'un potager. La famille possède des poules, des vaches et même un cochon.

À cette époque, la Colombie-Britannique était encore très sauvage. Pourtant, ici, il est difficile de croire qu'on est au Canada. Le père d'Emily a tenu à apprivoiser la nature et à la rendre aussi docile que possible. Il a voulu recréer l'atmosphère de l'Angleterre. Tout est calme et bien organisé. Des aubépines et des primevères décorent des parterres. Des haies d'arbustes séparent les prés les uns des autres.

Une seule parcelle de terrain est demeurée à l'état sauvage. Monsieur Carr l'a achetée beaucoup plus tard, alors qu'il avait appris à aimer la Colombie-Britannique. Ici, tout est libre et pousse pêlemêle. Il y a des fleurs, un ruisseau, des sapins géants.

Et voici Emily, la petite dernière, qui se dirige vers ce terrain. C'est son coin préféré, son refuge. Elle parait triste et préoccupée. Là-bas sur la véranda, ses deux sœurs, Alice et Lizzy jouent à prendre le thé en se moquant un peu d'elle.

Voici ce qui vient de se produire. Après avoir passé une heure à jouer «à la dame», un jeu qui lui parait de la plus grande platitude, Emily a perdu patience. Exaspérée, elle s'est levée en s'exclamant :

— Je n'en peux plus ! J'aimerais mieux apprendre à dessiner qu'à apprendre à verser du thé !

Ses sœurs n'en revenaient pas : Emily veut devenir artiste ! Quelle idée folle pour une fille ! Comme leur sœur est étrange !

Les trois dernières de la famille Carr ont à peu près le même âge. On a surnommé Emily, Petite, et ses sœurs, Moyenne et Grande. Emily aime beaucoup ses sœurs, mais elles ne la comprennent vraiment pas… Emily ne semble pas souhaiter apprendre les bonnes manières ou à se comporter en «jeune fille sage». Elle n'arrive pas à se conformer à cette société très traditionnelle dans laquelle elle vit.

Comme d'habitude lorsqu'elle est triste, Petite se réfugie donc dans la nature et, parfois, dans un monde imaginaire.

Après quelques pas sur le terrain, Emily se sent déjà mieux. L'odeur des cèdres et des sapins géants, leurs mystères, leurs beautés, la remplissent de sérénité. Elle remarque la couleur de la lumière et les éclaboussures de soleil sur les ailes de papillons et sur les fleurs.

Emily voit que quelqu'un se trouve déjà là : un petit garçon

amical et silencieux assis sur le dos d'un grand cheval blanc. Il a amené avec lui un autre cheval. Petite sourit et monte. Lentement, ils s'élèvent, toujours plus haut, jusqu'à ce qu'Emily et le petit garçon volent ensemble entre les lupins rose-mauve, vers la grande forêt…

Bien des années plus tard, Petite, qui sera alors devenu une grande artiste, se demandera si ce personnage imaginaire qui venait la consoler lorsqu'elle était triste, n'était pas en réalité l'esprit d'un garçon qui tout comme elle se sentait seul et mal compris.

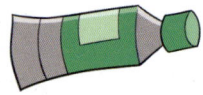

Il ne faudrait pas croire qu'Emily mène une vie triste. Elle ne réussit peut-être pas très bien à l'école, mais ses crayons de couleur et les animaux qui l'entourent lui procurent des moments de bonheur intenses.

Elle adore descendre dans la cour et chanter à tue-tête pour la vache. Chose surprenante, l'animal semble vraiment être sensible à cette attention. Elle se déplace lourdement pour venir poser sa tête sur les genoux de Petite. Celle-ci chante de plus en plus fort en caressant doucement le museau de son amie.

Heureusement que la vache est contente d'ailleurs, car cet enthousiasme est loin d'être partagé par la famille. Sa mère propose diplomatiquement d'inscrire Petite à des cours de chant, alors que Moyenne et Grande s'exclament carrément :

— Quelle cacophonie !

— Tu nous fais honte !

— L'autre jour, une dame passait sur la rue et elle m'a dit : «Écoutez… je crois que quelqu'un appelle au secours». De quoi penses-tu que j'ai eu l'air, moi, quand je lui ai répondu : «Non, ne vous en faites pas, ce n'est que ma petite sœur qui chante.»?

Emily se contente de sourire.

Plus tard ce soir-là, l'évêque, un personnage très important, vient rendre visite à la famille :

— J'ai entendu dire que tu aimes chanter. Il est bon de chanter. Tu chantes des hymnes religieux, je suppose.

Devant ses sœurs qui pouffent de rire et un évêque très étonné, Emily rétorque gentiment :

— Oh non, Monseigneur ! Je préfère les chansons de vache.

Depuis la naissance de Richard, la mère d'Emily est souvent malade. Comme son état semble empirer, on envoie Petite, Moyenne et Grande passer quelques jours chez madame Crane, une amie de la famille.

Dès son arrivée dans la maison, Emily est frappée par les yeux de verre d'ours, de chevreuils, de hiboux et de loups empaillés qui sont dans toutes les pièces. Elle interroge Hélène, la fille de madame Crane. Celle-ci répond fièrement :

— C'est mon père qui a tué tout cela.

— Mais pourquoi ?

— Qu'est-ce que tu veux dire : pourquoi ? Ton père ne pratique-t-il pas de sport ?

— Qu'est-ce que ça signifie « sport » ?

— Ben… C'est tuer des animaux, mais pour s'amuser, pas parce qu'on a faim.

Emily se dit que les humains sont bien étranges. Les animaux sont ses amis et elle ne peut s'imaginer que certaines personnes les tuent par plaisir. Les animaux, pour leur part, ne tuent que s'ils ont besoin de manger ou s'ils veulent se défendre.

La visite se déroule tant bien que mal. Emily s'amuse bien avec Hélène, mais elle n'arrête pas de commettre des gaffes. Un jour, les deux petites filles trouvent des étoiles de mer sous le hangar à bateau : deux mauves et une orange. Pauvres étoiles de mer ! Elles semblent avoir si froid ! Emily les habille avec les vêtements de la poupée d'Hélène et les couche doucement dans l'armoire à jouets.

Quelques jours plus tard, une mauvaise odeur alerte madame Crane qui se dirige à grands pas colériques vers l'armoire et y découvre les étoiles de mer pourries :

— Ma fille n'aurait jamais eu toute seule une idée aussi stupide. Votre mère va mieux maintenant. Vous retournez à la maison dès ce soir !

Moyenne et Grande soupirent toutes les deux en se disant que, décidément, leur sœur ne sera jamais comme tout le monde.

Retrouvons maintenant Emily à l'âge de quinze ans. Elle possède toujours un caractère original et des idées bien à elle. Elle a cependant appris à mieux se conformer, en apparence du moins. Même si elle se trouve dans une société très rigide et conventionnelle, Emily a développé une grande ouverture d'esprit pour les êtres qui l'entourent. Elle est fascinée par les gens qui vivent en marge du reste du monde, en particulier par les autochtones qui se déplacent en canot et campent sur les plages de Victoria.

Emily discute souvent de ces choses, de ses rêves et de ses aspirations avec sa mère. Celle-ci doit maintenant passer la plupart de son temps au lit, car elle ne va pas vraiment mieux. En fait, sa mère n'ira jamais mieux et c'est cette année-là qu'elle meurt. Toute la famille a le cœur brisé et le père d'Emily ne se remettra jamais de la perte de sa femme. Deux ans plus tard, il meurt à son tour. Emily se retrouve orpheline.

Monsieur Lawson, un ami de la famille, devient alors le tuteur des enfants, mais c'est la grande Edith qui prend en charge son jeune frère et ses sœurs. Malheureusement, Edith et Emily ne s'entendent pas très bien. Edith est très sérieuse et traite les plus jeunes comme des enfants qui n'ont aucun droit. Emily a beaucoup de difficulté à accepter l'autorité de son ainée. Elle se rebelle sans cesse.

Un jour, à la suite d'une dispute particulièrement violente, Emily quitte la maison. Les heures passent, elle ne revient pas. Edith est inquiète. Elle se rend compte que, malgré tout, elle aime bien sa petite sœur. Elle se souvient qu'Emily a toujours voulu avoir un chien. Leur père qui tenait à ce que les jardins demeurent en ordre n'avait jamais accepté. Edith décide donc de faire une surprise à Emily, afin d'améliorer leur relation.

Plusieurs heures plus tard, Emily rentre à la maison. Edith vient à sa rencontre et lui annonce :

— Il y a un chien pour toi dans la cour.

Emily embrasse sa sœur et court vers le jardin où l'attend un chiot blanc. Elle a enfin un chien avec qui

se promener sur la plage et dans la forêt. Elle n'a jamais été aussi heureuse!

Malheureusement, cela ne dure pas longtemps. Un jour, alors

qu'Emily est malade au lit, le chien mord une servante qui le taquinait. Convaincue qu'il est vicieux et pose un danger, Edith fait tuer l'animal. Lorsque Emily se remet de sa maladie et sort de sa chambre, elle apprend la mauvaise nouvelle. Elle entre dans une colère terrible! Elle sent qu'elle ne pourra plus jamais faire confiance à Edith et qu'elle ne veut même plus vivre avec elle. Emily prend la décision de ne plus gaspiller d'énergie à se disputer. Le moment est venu de se consacrer à son art.

    Emily prend donc rendez-vous avec Monsieur Lawson, son tuteur. Calmement, elle lui raconte son rêve et lui explique à quel point elle aimerait entreprendre des études d'art à San Francisco. Son tuteur ne peut s'empêcher d'admirer tant de détermination et d'honnêteté. Il hésite à envoyer une jeune fille toute seule si loin. Par contre, il sent à quel point ce rêve est cher à Emily. Il comprend d'Emily et d'Edith qu'elles ont des caractères incompatibles. Monsieur Lawson regarde longuement sa protégée et lui dit :

— C'est bon. Tu peux y aller. Je vais organiser cela pour toi. J'ai de la difficulté à croire qu'une fille puisse devenir artiste. Mais on ne sait jamais… et pourquoi pas ?

KLEE WICK

Quelques années sont passées. Nous voici maintenant à Ucluelet, un petit village autochtone situé sur la côte ouest de l'île de Vancouver. Au loin, là-bas, on peut voir un groupe d'habitations larges et basses. On les appelle les grandes maisons. Chacune de ces habitations abrite plusieurs familles. La porte, le toit, le trou par lequel s'échappe la fumée appartiennent à tout le monde. Chaque famille a cependant son propre feu autour duquel sont rassemblés ses objets personnels.

Une jeune femme marche sur le sentier. C'est Emily. Elle s'arrête un moment et respire le vent, la pluie, la mer et la forêt… Elle se sent bien, elle est heureuse ici. Elle repense avec bonheur aux trois années qu'elle a passées à San Francisco. Emily a appris à mieux dessiner, elle a développé une meilleure technique. À son retour, elle a fondé une petite école d'art pour les enfants, dans la grange de la maison familiale.

Pendant l'absence d'Emily, Alice est devenue institutrice et Lizzy a décidé de se faire missionnaire. La maison des Carr est souvent remplie de collègues de Lizzy et c'est une de ces amies qui a invité Emily à aller passer l'été dans la mission d'Ucluelet.

Tout en songeant aux années qui viennent de s'écouler, Emily est arrivée au seuil d'une des grandes maisons. Elle frappe à la porte, mais ne reçoit pas de réponse. Elle hésite quelques minutes. Finalement, elle se souvient que les autochtones ne frappent pas avant d'entrer, alors elle se décide à pénétrer dans la grande maison. Elle est accueillie par un grognement de bienvenue.

Il fait sombre dans la maison. Après quelques minutes, les yeux d'Emily s'habituent à l'obscurité et à la fumée. Elle regarde autour d'elle. Le sol est en terre battue, les murs en cèdre. On a attaché aux poutres du plafond des morceaux de saumon séché. Un bébé se balance, suspendu dans son berceau.

Emily déplie son tabouret et ouvre le sac où se trouve son matériel de peintre. Sous les yeux captivés des autochtones, elle dessine un bateau, un arbre, une maison… On s'attroupe autour d'elle, on discute et on rit. Emily communique à l'aide de sourires et de gestes.

Un vieil homme s'approche d'elle et la regarde longuement dans les yeux. Puis, il détourne le regard. Il prononce plusieurs phrases en chinook. Emily hésite un moment avant de demander ce qu'il a dit. Une femme lui donne la traduction :

– Pas grand-chose. Seulement que tu n'es pas peureuse, pas prétentieuse et que tu sais rire.

C'est ainsi qu'Emily est surnommée « Klee Wick » par les autochtones, ce qui signifie « Celle qui rit ».

Klee Wick passe le reste de l'été à faire la connaissance des autochtones. Elle découvre à quel point ses nouveaux amis vivent en harmonie avec la nature. De leur côté, les autochtones aiment bien Emily. Ils se savent respectés et ils sentent que, contrairement aux missionnaires, elle ne cherchera pas à leur imposer sa façon de penser.

De plus en plus, les efforts que les missionnaires font pour convertir les peuples des Premières Nations aux habitudes de vie des Blancs irritent Emily. Pour elle, chacun a sa manière de vivre. Il n'est pas question de déterminer si un style de vie est supérieur à un autre, mais de comprendre et de s'accepter. Chacun peut apprendre quelque chose de l'autre.

Klee Wick constate que les traditions des autochtones se perdent peu à peu. Les petits sont souvent retirés de force à leurs parents et mis en pension dans des écoles où on ne leur permet même pas de parler leur langue. Des années plus tard, lorsqu'ils retournent dans leur famille, ils se sentent gênés par leurs coutumes. Ils voudraient adopter les manières de l'homme blanc, mais ils ne sont pas blancs… alors ils se retrouvent quelque part entre les deux mondes et ils n'ont plus aucun désir de sculpter les merveilleux totems qui représentent leur peuple.

Klee Wick sent qu'elle a toujours beaucoup à apprendre. L'année suivante, elle décide donc de poursuivre ses études d'art. Toute sa vie, on lui a parlé du pays de ses ancêtres : l'Angleterre. Elle va étudier à Londres cette fois-ci.

Ces cinq années passées à l'étranger sont très difficiles pour Emily, car elle a le mal du pays. Mais si Emily pense que ses années en Angleterre sont un échec, il faut reconnaitre qu'elles lui ont permis de continuer à s'améliorer au point de vue technique. Toutefois, Emily n'a toujours pas découvert son propre style et ses tableaux demeurent très conventionnels.

Lors de son retour, Emily s'établit à Vancouver. Elle se souvient alors du plaisir qu'elle a pris à enseigner l'art aux petits de Victoria. Emily loue donc un grand studio et met une annonce dans les journaux. Ses cours pour enfants connaissent un succès immédiat. La classe est toujours pleine de vie et de rires. Les élèves adorent leur professeur et la plupart d'entre eux ne manqueraient une leçon pour rien au monde.

Le studio est un endroit merveilleux. On y accède par un long corridor où les enfants peuvent courir et glisser sur les planchers cirés. Dès qu'on y entre, on se trouve assailli par les couleurs, les odeurs, les sons. Des fleurs de toutes sortes poussent dans les pots dissimulés entre les cages d'animaux. Des écureuils, des tamias, des ratons laveurs et des oiseaux jouent, chantent et dorment ici et là. Panama le perroquet vert et jaune, et Sally, le cacatoès à huppe jaune, ont toujours leur mot à dire. Billie le chien veille tendrement sur les enfants. Lors d'occasions spéciales, on permet même aux rats blancs Peter et Peggy de courir sur la grande table où les élèves mangent leur gouter, rient et crient de plaisir en voyant les rats trotter vers eux.

Les leçons d'art sont très informelles et toujours amusantes. Lorsqu'il fait beau, les enfants apportent leur tabouret et leur matériel d'art à l'extérieur et on va dessiner au parc Stanley.

Chaque année, Emily organise une grande exposition des travaux accomplis par ses élèves. Des centaines de dessins et de peintures décorent les murs de son studio. Un journaliste rapporte, dans le journal *The Province*, que les travaux des enfants sont remarquables par leur originalité. En effet, Emily donne habituellement des thèmes précis à ses élèves, mais elle les encourage également à s'exprimer. En observant ses élèves, Emily remarque qu'ils peuvent souvent peindre de façon beaucoup plus créative que les adultes. De plus en plus, elle sent que, tout comme eux, elle voudrait exprimer des sentiments par ses toiles.

Un jour, on frappe doucement à la porte de son studio. Emily ouvre. Une jeune femme autochtone, pieds nus, coiffée de longues tresses se trouve sur le seuil. La femme, Sophie Frank, a un bébé sur le dos. Une fillette s'agrippe à ses jupes. Elle est suivie d'un petit garçon. Sophie vend de magnifiques paniers fabriqués par les gens de sa tribu. Emily invite la famille à venir se reposer un instant. C'est en dégustant une tartine de confiture que les deux femmes font connaissance.

À partir de ce moment, Emily va

souvent rendre visite à Sophie à la réserve de Vancouver-Nord. Même si elles ne parlent pas la même langue et que leurs vies sont très différentes, les deux femmes se sentent bien ensemble. Sophie mène une existence pauvre et difficile. Au cours des années, elle donne naissance à vingt-et-un enfants, dont nul ne survit après l'âge de dix ans. Dans ces durs moments, Emily est là pour réconforter Sophie. Lorsque Emily est triste et découragée, c'est au tour de Sophie de l'épauler. Cette amitié durera toute leur vie.

En 1907, Emily et sa sœur vont

faire une croisière en Alaska. Lors d'une escale, Klee Wick est une fois de plus saisie par la beauté des totems qui se dressent mystérieusement, abandonnés de tous, couverts d'herbes et de mousse, dans le silence de la grande forêt. Elle est horrifiée lorsqu'elle découvre qu'on laisse pourrir ces monuments. Pire encore, on s'en sert parfois pour faire du feu. À l'occasion, les hommes blancs les coupent pour les mettre dans des musées où les visiteurs ne comprennent pas ce qu'ils signifient.

    Emily sait que les autochtones ne possèdent pas de langue écrite. Les totems sont donc leur seul mode d'expression permanent. Ils représentent toute l'histoire d'une famille, d'une tribu ou d'une légende. À la suite de ce voyage, elle prend une décision. Elle veut reproduire sur papier ce que les autochtones ont sculpté dans le bois.

Elle se donne pour mission de dresser un inventaire aussi complet que possible des villages autochtones et des totems de la côte ouest, avant qu'ils ne disparaissent à jamais.

Emily continue à enseigner, mais elle met de côté un vieux soulier dans lequel elle place des économies. Chaque été, cet argent lui permet de voyager, en quête de nouveaux totems. Elle est animée par son esprit d'aventure et sa passion. Elle ne s'éloigne toutefois pas des sentiers battus. Les endroits qu'elle visite sont pittoresques, mais ils ont déjà été fréquentés par d'autres artistes.

À cette époque, les critiques

sont généralement assez favorables à l'œuvre d'Emily Carr. Cependant, celle-ci ne se sent pas satisfaite. L'art rigide et formel qu'on lui a enseigné à San Francisco et à Londres ne répond plus à ses besoins. Elle ne veut plus reproduire les choses à la manière d'une photographe. Emily désire que ses toiles expriment non seulement ce qu'elle voit, mais aussi ses émotions. Elle remarque que les artistes autochtones vont directement au cœur de l'objet. Et, tout comme eux, elle veut aller plus loin. Cependant, elle ne sait pas comment s'y prendre.

    Klee Wick entend parler d'une nouvelle forme d'art, de plus en plus populaire à Paris. Il est question d'une différente façon de regarder les choses, d'utiliser la couleur et les perspectives pour montrer ce qu'on ressent. Accompagnée d'Alice, Emily part donc pour la France où elle découvre exactement ce qu'elle avait espéré. Les artistes qu'elle rencontre n'ont pas peur de prendre des risques. Ils expérimentent, ils changent les couleurs, ils simplifient les formes. Ils cherchent ainsi à exprimer l'imagination, le mouvement, les émotions.

Au cours de son séjour, Emily suit leur exemple et peint avec passion. Deux de ses toiles sont choisies pour être exposées au Salon d'Automne de Paris, avec les meilleures œuvres postimpressionnistes de l'année. À cette époque, c'est un exploit pour une femme, d'autant plus qu'elle est étrangère.

Mais lorsque Emily Carr retourne en Colombie-Britannique, son nouveau style n'est pas bien accueilli par le public. Les Canadiens sont habitués à ce qu'on représente les choses de façon très réaliste et ils trouvent cet art original plutôt bizarre. Malgré le peu d'encouragements qu'elle reçoit, Emily sent qu'elle doit continuer à expérimenter avec ce nouveau style. En compagnie de Billie, son chien berger, et de Jimmy et Louise, ses deux guides autochtones, elle est maintenant prête à explorer des régions de plus en plus reculées de la côte ouest. Tandis qu'elle devient plus aventureuse dans ses voyages, elle se montre aussi plus audacieuse en peinture.

Nous voici en canot, quelque part entre les iles de la nation haïda, Haïda Gwaïi. On se dirige vers Tanoo, un ancien village autochtone. La journée est chaude et silencieuse. Des aigles tournoient dans le ciel. Les marsouins suivent et sautent de chaque côté en donnant des coups de queue dans l'eau. On arrive près de

la grève. Le canot glisse sur les galets de la plage. On descend. Tout est tellement calme, si solennel, qu'on ose à peine chuchoter. Le village est abandonné et la plupart des maisons ont disparu. Cependant, plusieurs totems sont encore debout. L'un d'entre eux appartenait à la grand-mère de Louise.

Emily dessine d'abord le bas du totem : un homme porte un grand chapeau composé de plusieurs sections. Elle dessine ensuite une série de petits personnages qui s'agrippent à des anneaux, attachés tout le long du chapeau. Elle ajoute finalement le majestueux corbeau qui se dresse tout en haut. Emily dessine vite. C'est un travail immense qu'elle s'est assigné et elle doit bien profiter de ses voyages.

Le soir, on s'enroule dans des

couvertures. Emily entend le clapotis des vagues et respire l'odeur du feu de bois. Elle écoute Louise raconter le mythe du totem :

— Un homme a adopté un corbeau pour fils. Ce corbeau était en réalité un mauvais esprit. Il a envoyé une inondation à ses parents adoptifs. Quand l'eau s'est mise à monter, toute la famille de l'homme s'est accrochée aux anneaux du chapeau. Ainsi ils ne se sont pas noyés.

Tout en écoutant le mythe, Emily s'endort tranquillement. Elle rêve à Skedans où une série de totems mortuaires entourait la baie. Elle rêve aux totems d'animaux féroces et tragiques de Cha-atl. Elle rêve à Cumshewa où ils iront demain.

La lune se lève derrière les arbres, elle projette sur le sable l'ombre des totems. Un oiseau de mer crie doucement. Le hibou ulule dans la nuit. Emily se repose paisiblement.

LA MAISON DE TOUTES SORTES

Nous voici de retour à Victoria. Une dame à l'aspect excentrique marche dans la rue. Elle pousse une vieille voiture d'enfant dans laquelle est assis un petit singe. Il porte un costume noir, rouge et brun. Sa maitresse a confectionné elle-même ce costume et elle en semble assez fière. Mais voilà que le singe descend et va tirer la queue d'un des six grands chiens bergers qui suivent. Il trottine au bout de sa laisse et va ensuite sous la haie chercher

des perce-oreilles qu'il croque avec délice. La dame lui dit :
— Dépêche-toi, Woo. Nous devons aller faire l'épicerie.

Une heure plus tard, l'étrange cortège repasse devant la haie. Woo, le singe, ou plutôt la guenon, car c'est une femelle, est maintenant perchée sur l'épaule de la dame. Le carrosse de bébé est complètement rempli de provisions. On dirait que cette femme a inventé le charriot à provision bien avant que les supermarchés existent. Un passant la salue avec un petit sourire en coin :
— Bonjour madame Carr !

Mais oui… cette dame est Emily. Comme elle a changé ! Elle semble plus vieille et moins heureuse. En ce moment, on pourrait difficilement l'appeler Klee Wick. Et pourquoi a-t-elle acheté tant de provisions ?

Emily s'arrête devant une grande maison. À l'arrière se trouve un chenil où elle fait l'élevage des chiens pour les vendre. Elle élève aussi des poules et des lapins. Il y a un jardin potager dans lequel elle cultive des légumes qu'elle vend également. On dirait qu'Emily a besoin d'argent.

Emily entre sur la propriété et croise plusieurs personnes. Elle ne semble pas aimer particulièrement ces gens, ses locataires. Emily est maintenant propriétaire de cet édifice qu'elle appelle la « Maison de toutes sortes », sans doute parce que toutes sortes de personnes y louent des chambres.

Emily continue de gravir les escaliers pour finalement arriver à sa chambre, située tout en haut. Elle s'étend sur le lit et se repose un peu, en regardant les deux aigles géants qu'elle a peints au plafond. Elle est épuisée par son travail : le jardin, les locataires, les animaux et la poterie qu'elle fabrique pour la vendre. Elle a rarement le temps ou l'envie de peindre. Elle a abandonné son idée de recenser les totems de la côte ouest. Que s'est-il passé ?

Voici ce qui s'est passé… À la suite de ses voyages dans les villages autochtones, Emily a organisé une exposition. On pouvait y admirer la plus grande collection de totems et de scènes de la vie des peuples des Premières Nations jamais exécutée par une même artiste. Malheureusement, l'exposition n'a pas eu de succès. Les gens n'étaient toujours pas prêts à accepter un nouveau style d'art. Emily a été profondément découragée.

De plus, comme l'économie n'était pas très bonne cette année-là, très peu d'étudiants se sont inscrits au cours d'art offert plusieurs fois par Emily. Toute la famille avait besoin d'argent. Il fallait faire quelque chose. Les sœurs Carr se sont donc partagé la grande propriété de leur père. Chacune a choisi un terrain et on a vendu le reste. Avec l'argent qui lui est revenu, Emily a fait bâtir une maison de chambres, où elle héberge des gens afin de gagner sa vie.

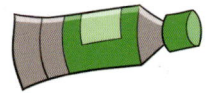

Et voici donc maintenant Emily qui se repose sur son lit. La vie n'est pas facile pour elle en ce moment. Elle n'aime pas être propriétaire. Heureusement, ses animaux lui procurent beaucoup de plaisir : Adolphe, le chat persan, les chiens bergers et surtout Woo, la petite guenon de Java.

Woo fait bien des dégâts. Lorsque le cœur lui en dit, Woo dévore la moitié d'un dictionnaire ou un crayon, elle vide un tube de peinture jaune ou renverse une bouteille d'encre. Comme elle ne peut pas avoir de bébé, elle vole les chatons et les chiots des autres animaux pour les bercer tendrement. Elle permet toutefois à Emily de rire un peu. Oui, Woo est vraiment un adorable petit monstre !

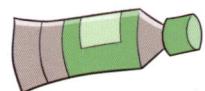

Ce soir, Emily repense aux jours où elle était peintre. Elle se dit que c'était un beau rêve, mais il semble qu'elle ne deviendra jamais une grande artiste après tout. Voilà en effet plus de quatorze ans qu'elle n'a pas travaillé son art.

La sonnerie de téléphone vient interrompre sa rêverie. Qui donc peut appeler à une heure aussi tardive? L'homme à l'autre bout du fil se présente : Eric Brown, directeur de la Galerie nationale du Canada. Il est présentement en train d'organiser une grande exposition qui se tiendra à Ottawa, en décembre. Cette exposition aura pour thème l'art autochtone de la côte du Pacifique. Monsieur Brown a entendu parler des totems d'Emily. Il voudrait prendre rendez-vous pour le lendemain, afin de pouvoir examiner ses toiles. Emily commence par refuser, mais comme monsieur Brown insiste, elle accepte à contrecœur de le recevoir.

Le lendemain, Emily ressort ses tableaux et les époussète. En entrant dans l'atelier, monsieur Brown est émerveillé. Tous ces paysages et ces totems correspondent exactement à ce qu'il avait en tête. Il convainc donc Emily de participer à l'exposition.

C'est ainsi que, quelque temps plus tard, Emily prend le train vers l'est. Elle s'en va à Ottawa pour assister à l'exposition. Elle a aussi l'intention de se rendre à Toronto pour rencontrer quelques peintres dont elle a entendu parler. Elle ne sait pas encore que ce voyage va complètement transformer sa vie.

LE GROUPE DES SEPT

C'est l'anniversaire d'Emily. Elle a aujourd'hui 56 ans. Elle est à Toronto, dans le studio du peintre Lauren Harris. Par la fenêtre, on peut voir de gros flocons de neige suspendus entre les toits. La nuit est bleue, pointillée de blanc. Mais Emily est trop occupée pour regarder dehors. Lauren vient de sortir une de ses toiles à lui. Ensemble, ils la contemplent un moment, puis Lauren appuie le tableau contre le mur. En silence, il en sort un autre, puis une autre, puis un autre… Bientôt, Emily est entourée de paysages extraordinaires. Elle est complètement bouleversée. Elle n'a jamais vu de toiles semblables, ni en Colombie-Britannique, ni en France, ni en Angleterre, ni aux États-Unis. Elles sont véritablement et totalement canadiennes. Elles sont tout à fait originales. À partir de formes simples et de couleurs brillantes, Lauren a su représenter de façon spectaculaire la nature sauvage de l'Ontario.

Lauren et Emily se ressemblent un peu. Tout comme elle, il a joué à l'explorateur afin de découvrir de nouveaux paysages. Tout comme elle, il cherche à exprimer ce qu'il ressent dans la nature. Mais alors

que Emily se débattait toute seule, Lauren avait le soutien de six autres peintres. Ces artistes, qui s'appelaient le Groupe des sept, avaient quitté leur studio pour aller peindre dans la nature. Ensemble, ils pouvaient discuter, comparer leurs styles et expérimenter. Ils avaient créé une forme de peinture qui leur permettait d'exprimer de façon personnelle la grandeur des paysages sauvages de l'Ontario. Ensemble, ils avaient en quelque sorte réussi à accomplir au Canada, ce que Emily essayait de réaliser toute seule sur la côte du Pacifique.

Emily et Lauren se rendent à l'exposition organisée par Eric Brown et c'est au tour d'Emily de partager ses toiles avec Lauren. Dès que celui-ci voit les tableaux d'Emily, il comprend exactement ce qu'elle cherche à faire. Il reconnait son talent et la persuade sur le champ de se remettre à peindre le plus tôt possible.

Cette rencontre change la vie d'Emily pour toujours. Trois jours après son retour en Colombie-Britannique, elle a déjà recommencé à peindre. Maintenant qu'elle a retrouvé sa confiance en soi et sa passion, plus rien ne peut l'arrêter. Elle trouve le temps. Elle fait les sacrifices nécessaires sur le plan de l'argent. Elle découvre qu'elle est de plus en plus capable d'exprimer ses sentiments à travers sa peinture.

L'été suivant, Emily se remet à visiter des régions éloignées de la Colombie-Britannique. Mais cette fois-ci, elle passe un peu moins de temps à dessiner et un peu plus de temps à réfléchir. Elle observe l'harmonie qui existe entre les totems et la forêt. Peu à peu, elle se met à représenter la forêt elle-même. Comme les autochtones avant elle, Emily cherche le visage de Dieu dans la nature.

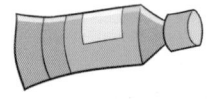

Emily se fait réveiller par le son de la pluie qui tombe sur le toit. Elle s'étire en ayant soin de ne pas déranger Woo et Ginger Pop qui dorment à ses pieds. Elle les pousse doucement et elle saute en bas de son lit… de camp… L'heure de la sieste est terminée. Emily se prépare une tasse de thé. Elle est bien protégée de la pluie par la roulotte qu'elle a achetée récemment.

Cette caravane est surnommée l'Éléphant. (Après tout, Emily a déjà un singe, alors pourquoi ne pas avoir un éléphant ?) Grâce à cette nouvelle acquisition, elle peut s'installer au cœur de la forêt, pendant plusieurs semaines, chaque été. Emily peut ainsi camper, même si elle se fait plus vieille.

La pluie a cessé. Emily ramasse son matériel d'artiste et sort dans la forêt. C'est la fin de l'après-midi. La lumière du soleil, légèrement dorée, pénètre entre les feuilles encore mouillées. On n'entend que le chant des oiseaux, le clapotis de la rivière et le cri des insectes. Emily marche entre les arbres géants de la forêt humide. L'atmosphère est irréelle. Certains arbres ont mis plus de 700 ans à grandir. Emily effleure l'écorce de celui qui se trouve devant elle. Huit personnes, qui se tiennent par la main, ne pourraient même pas en faire le tour. Emily sent la présence de l'arbre, cet esprit de la forêt. Emily ignore que moins de cent ans plus tard, alors que tu liras ce livre, les humains auront coupé la plupart de ces magnifiques géants.

En attendant, Emily apprend à mieux regarder et à s'imprégner de l'atmosphère de la forêt. Elle prend le temps de bien comprendre les arbres, avant même de commencer à dessiner ou à peindre. Elle cherche à ne pas se laisser influencer par le Groupe des sept, car elle réalise qu'ils ont développé leur style en fonction de la nature de l'est du pays. Son style de peinture est encore une fois complètement renouvelé et très personnel. Emily peut maintenant capter la sensation qu'elle éprouve lorsqu'elle marche dans la forêt. Les arbres qu'elle reproduit ont de la passion et du mouvement.

Emily n'est pas la première artiste à peindre les arbres de la forêt humide. Cependant, contrairement à ceux qui l'ont précédée, elle ne cherche pas à reproduire les choses de façon réaliste.

À cette époque, la ville de Victoria, qui est située sur une ile, est assez isolée. Les habitants de Victoria ne sont pas souvent exposés à un art plus moderne. Les idées et les gouts des gens qui y vivent ne changent donc pas aussi rapidement qu'ailleurs au pays. Le public qui est confronté aux tableaux d'Emily n'arrive pas à les comprendre. C'est pourquoi le talent d'Emily est reconnu dans le reste du Canada, mais pas dans sa propre province.

Emily est perçue comme une originale par les gens de Victoria. Non seulement est-elle une femme artiste et son style parait-il tout à fait bizarre, mais, de plus, elle n'agit pas comme tout le monde. Elle a une ménagerie. Elle fait ses provisions avec un carrosse de bébé. Elle suspend ses meubles au plafond avec un système de poulies (ce qui lui donne plus d'espace pour peindre). Comme elle est très pauvre, Emily confectionne elle-même ses vêtements, avec de vieilles couvertures si c'est tout ce qu'elle a sous la main. On peut dire qu'elle est créative et originale, mais les gens conservateurs n'approuvent pas ses comportements. Pour Emily, la liberté individuelle est beaucoup plus importante que l'opinion d'autrui et le désir de se conformer.

Dans le reste du Canada, Emily

Indian House and Totems, Skidegate, 1928

est en train de devenir célèbre et elle vend bien ses toiles. Ce sont les années les plus productives de sa vie.

Skidegate, 1928

Study in Mouvement, 1936

LE CERCLE SE REFERME

Emily vieillit. Elle vit très pauvrement et travaille fort, avec passion. Sa santé s'en ressent et elle tombe malade. Elle n'a plus la force de peindre. Mais qu'à cela ne tienne ! Puisqu'elle ne peut plus faire des tableaux, Emily se met à écrire.

Son premier livre, Klee Wick, raconte ses aventures, ses amitiés et ses voyages chez les autochtones. Le recueil connait un succès immédiat. C'est ainsi qu'une vieille dame, qui avait abandonné l'école secondaire à l'âge de 16 ans, obtient un des prix littéraires les plus prestigieux qu'un Canadien puisse se voir décerner. Klee Wick lui vaut en effet le Prix du Gouverneur général.

Emily écrit ensuite 6 autres livres où elle raconte ses souvenirs. Elle retrouve ainsi le monde imaginaire de Petite, l'enfant qu'elle a été. Le cercle se referme tranquillement. De son lit, elle vogue de souvenir en souvenir, au fil des pages.

Carol, une de ses anciennes élèves, qu'elle avait beaucoup aimée, vient lui rendre une dernière visite. Ensemble, elles trient le contenu des tiroirs d'Emily. La pièce est jonchée d'esquisses, d'objets autochtones, de lettres, de fleurs séchées… Elles brulent certaines choses, en donnent d'autres et choisissent certains souvenirs qu'elles mettent dans une boite.

Carol va alors enterrer la boite dans le parc, sous un des grands arbres qui avaient su toucher Emily.

Quelque temps plus tard, c'est au tour de la vieille dame. Elle ferme les yeux pour toujours. Bercée par le vent, Emily va se reposer tout contre les racines des grands arbres, près des falaises et de la mer.

Informations sur les œuvres de la page 84:

Emily Carr
Née au Canada, 1871 -1945
Indian House and Totems, Skidegate, 1928
Aquarelle sur papier
Feuille: 67.8 x 47.4 cm
(26 11/16 X 18 11/16 po.)
Art Gallery of Ontario
Achat en 1940
2545
©Art Gallery of Ontario

Emily Carr
Née au Canada, 1871 -1945
Skidegate, 1928
Huile sur toile
Tableau encadré: 91.7 x 132.2 cm
 (36 1/8 X 52 1/16 po.)
Art Gallery of Ontario
Don de J.S. McLean Collection,
 par Canada Packers Inc., 1990
89/781
©Art Gallery of Ontario

Emily Carr
Née au Canada, 1871 -1945
Study in Mouvement, 1936
Huile sur toile
Dimensions: 68.6 x 111.8 cm
 (27 X 44 po.)
Art Gallery of Ontario
Achat en 1937
2418
©Art Gallery of Ontario

Ce livre, composé en
Myriad Pro et Noteworthy,
a été imprimé en Chine en
novembre deux mille dix-neuf
par H&C Printing Center.